Une mystérieuse disparition,

une farce

George M. Baker

Writat

Cette édition parue en 2024

ISBN : 9789359944722

Publié par
Writat
email : info@writat.com

Contenu

PERSONNAGES.

Capitaine Boliver Bobstay, « Mystérieusement disparu. »
Charles Cleverly, un agriculteur amateur.Dixon Dolby, pour une
journée de sport.Carlos Carrots, un ouvrier agricole.Mme.
Intelligemment, la femme de Charles.
Nelly Cleverly, la sœur de Charles.
Mlle Persis Grievous, « Veuve Bobstay ».

DÉGUISEMENT.

CAPITAINE. Pantalon à larges fonds et « Reefer » de bleu ; t-shirt bleu; mouchoir noir; perruque chauve pour soi ; perruque noire et grosses moustaches noires pour le déguisement.

DOLBY. Costume à carreaux ; guêtres ; Casquette Jockey.

CHARLES. Costume en flanelle bleue ; chapeau de paille à larges bords.

CARLOS. Large chapeau de paille ; Chaussures lourdes; bas bleus; pantalons courts; et veste ouverte ; avec gilet rouge ou jaune ; perruque rouge.

NELLY. Jolie robe en mousseline, avec tablier et bonnet de matin.

MME C. Robe du matin.

MLLE PERSIS. Perruque rouge, avec de longues boucles. Habillez-vous de manière très colorée ; lunettes d'un bleu clair; chapeau. Elle est plutôt vieille, avec une tenue et des manières de jeune fille affectées.

SCÈNE.— *Salon dans une ferme. Porte dans l'appartement C. Fenêtre dans l'appartement L. Salon sous fenêtre. Table L. d'angle, dossier, avec couverture, livres et fleurs. Petite table , fauteuil RC , chaise LC , L., près de la première entrée. Porte R. et L. Nelly ont découvert l'époussetage .*

Nelly (jetant la brosse sur le salon). Cela fera l'affaire pour aujourd'hui. Il est temps que Carlos revienne de la poste. J'ai hâte d'obtenir une lettre de mon adorateur invisible, Dixon Dolby. Comme mon bon frère ouvrirait les yeux s'il connaissait l'étendue de ma méchanceté. Il y a trois mois, six d'entre nous, filles de l'école, désireuses d'acquérir des compétences en correspondance, avons accepté d'écrire à des messieurs que nous n'avions jamais rencontrés, mais que nous connaissions de réputation comme étant des gentlemen. Mon choix s'est porté sur le copain de mon frère avant son mariage, Dixon Dolby. Mon plan réussit admirablement. Il répondit à la note signée Rosa Bean. Les épîtres les plus tendres et les plus passionnées se succédèrent de part et d'autre, jusqu'à ce qu'enfin il ait l'impudence de demander un échange de photographies. J'ai consenti, mais je n'ai pas été assez fou pour lui permettre de découvrir mon identité ; alors, pour obtenir le sien, j'ai envoyé à la place une photo de la femme de mon frère. Je savais qu'ils ne s'étaient jamais rencontrés, mais ils le devaient ; et quand ils le feront, il n'y aura pas de plaisir. J'espère seulement que je serai au *dénouement* . Ah ! voici Carlos.

(*Entrer* CARLOS , C., *avec deux lettres et un papier* .)

Eh bien, Carlos, quel succès ?

Carlos (*mettant des lettres derrière lui*). Hé? Que vas- tu donner pour savoir ? Je devrais donner à un homme quelque chose de sucré , parce que j'ai couru jusqu'au bout.

Nelly. En effet, je le ferai, Carlos. Mes plus chaleureux remerciements et mon plus doux sourire.

Carlos. Est-ce tout? Eh bien, voici une lettre (*lui donne une lettre*).

Nelly. Oh , merci, Carlos. Tu es un cher et bon garçon (*prend la lettre et s'assoit dans le fauteuil* , L.).

Carlos (*descend* R., *met le journal sur la table*). Kinder a pensé que je pourrais obtenir quelque chose de plus sucré ; un baiser, peut-être. Mais je suppose qu'elle avait peur que quelqu'un la surveille . Je m'en ficherais s'ils l'avaient fait. Elle est aussi pure qu'une image ; et je pense plutôt qu'elle a envie de me voir. Je l'aime bien, tu paries ! J'aimerais parfois pouvoir être une chenille et ramper sous ses pieds purs . Je ne pourrais pas être plus brisé qu'aujourd'hui. Wal , je vais aller retrouver M. Cleverly avec l'autre lettre (*monte* C.). Rien ne manque , Miss Nelly ?

Nelly. Rien; merci, Carlos.

Carlos (*à la porte*). Oh, c'est une beauté. Ça prend tellement de peine de m'appeler Carlos. M. Astucieux, il m'appelle toujours Insouciant, parce qu'il dit que c'est ma nature . [*Sortie* C.

Nelly (*prend une photo de la lettre*). Le voilà ; un homme charmant. Il ne sait pas que je suis la sœur de son meilleur ami. Pas mal (*il montre la photo*).

(*Entrer* MME INTELLIGEMMENT *avec chapeau et châle* , *porte* L. *Elle regarde par-dessus* NELLY *épaule sur la photo* .)

Une fille pourrait être heureuse avec un tel homme. Je suis sûr que je rougirai lorsque nous nous rencontrerons. (*Pour photographier.*) Toi, mon cher, tu es beau et intelligent...

Mme C. En effet, il l'est, Nelly.

Nelly (*sautant*). Oh, mon Dieu ! vous ici?

Mme C. Ai-je perturbé vos dévotions ? Qui est-il? Quand sera-t-il?

Nelly (*met la photo dans son sein*). Absurdité; ce n'est qu'une légère connaissance.

Mme C. Vous ne méprisez pas sa photo. Je devrais dire que c'était un ami intime. Où est Charley ?

Nelly. À la ferme, en train de cultiver du maïs, je crois.

Mme C. Pauvre garçon ! comme ses cors doivent lui faire mal ! et son dos. Hahaha! Il travaille si dur pour faire plaisir à ce qu'il n'apprécie pas. Nell, dis-lui que s'il entre, j'ai couru chez Mme Young pour lui emprunter sa caresse. Je ne serai pas absent longtemps. [*Sortie* C.

Nelly. Elle l'a vu, mais elle ne le connaît pas. Si seulement elle savait ce qu'il recevait en échange. Eh bien, je ne vais pas gâcher une ébat par peur des conséquences.

Charles (*dehors*). Accrochez le maïs, négligent ; mon dos est presque cassé maintenant.

(*Entre* C. *avec une houe, suivi de* CARLOS .)

Carlos. Et les oignons, monsieur ?

Charles. Que diriez-vous d'eux autant que vous le souhaitez, mais pas de pute pour moi.

Carlos. Ils ne vaudront pas un centime.

Charles. Eh bien, ne sois pas sentimental à leur sujet, Careless. Ils ne valent pas la peine de pleurer ; non, insouciant. Je me suis imposé comme agriculteur indépendant et il n'y a aucune clause concernant le binage dans ma déclaration d'indépendance. Vous aurez des vacances : vous n'avez pas besoin de travailler aujourd'hui. Vous ne l'aimez pas vraiment à aucun moment ; mais ce jour nous avons un visiteur.

Nelly. Un visiteur?

Charles. Oui, Nelly. J'ai des nouvelles de lui ; il vient pour une journée de sport. L'homme que j'ai choisi pour vous conduire à l'autel de l'hyménée.

Carlos. Mon Dieu, toute la pruche !

Charles. Qu'est-ce qu'il y a, Insouciant ?

Carlos. Moi… je … rien ; seulement un foutu skeeter dans mon nez.

Nelly. Choisi pour moi ? Merci; Je peux faire ma propre sélection.

Charles. Et votre propre direction aussi. Vous êtes assez intelligent pour diriger les affaires. Où est Jenny, « la fille que j'ai laissée derrière moi » ?

Nelly. Elle est partie avant que vous soyez entré. Elle a couru chez Mme Young pour lui emprunter sa caresse.

Charles. Son Pat ? Ne lui ai-je pas dit que je n'aurais pas d'Irlandais sur place ?

Nelly. Hahaha! C'est une noisette de beurre.

Carlos. Ho ho ho!

Charles. Qu'est- ce que tu as, Careless ? (*Carlos a l'air sobre.*) Recommencez et vous obtiendrez tout sauf une tape. Allez, rendez-vous présentable ; mettez vos mèches auburn dans du papier bouclé et lavez-vous le visage. Vous guiderez mon ami dans sa journée de sport.

Carlos. Oui Monsieur. (*À part*) Il va la conduire avec un licou, n'est-ce pas ? Je vais lui montrer du sport. [*Sortie* C.

Charles. Oui, Nelly, nous devons recevoir la visite de mon ancien copain, Dixie Dolby.

Nelly. Bonne grace! il vient ici ?

Charles. Oui; pour la première fois; et au pays pour la première fois aussi. Mon petit projet matrimonial est le seul secret que j'ai jamais eu de lui. Il ne savait pas que je faisais la cour à Jenny Bobstay jusqu'à ce qu'il reçoive mes cartes de mariage. N'a-t -il pas été surpris ? Pas plus que moi cependant. Il y a tout juste un an, ce vieux marin très respectable, le capitaine Boliver Bobstay, disparaissait mystérieusement de Valparaiso, où l'écorce solide « Indigo Blue » attendait une cargaison. Son habit et son chapeau furent retrouvés sur la jetée ; mais le porteur n'est plus jamais réapparu sur cette jetée.

Nelly. Et on n'a plus entendu parler de lui ?

Charles. Non Oui. Il y a six mois, Jenny a reçu un acte de cet endroit de la part d'oncle Bobstay. Comment et d'où cela venait, personne ne le savait ; mais il a été trouvé bien, et comme c'est un endroit agréable et confortable ici, nous nous sommes mariés et nous y sommes installés il y a trois mois.

Nelly. Mais, Charley, ton ami...

Charles. O Oui; Dolby, un homme intelligent. Tu ne l'as jamais rencontré, Nelly ?

Nelly. Non, je vous ai souvent entendu parler de lui et j'ai tendance à l'aimer.

Charles. Je sais que tu le feras, Nelly. Maintenant, préparons quelque chose de bon pour le dîner, en l'honneur de notre invité ; quelque chose de plus, tu sais.

Nelly. Je m'occuperai du dîner. Quand il viendra, nous aurons quelque chose *en plus* . [*Sortie* R.

Charles. C'est une gentille fille. J'espère que Dixie l'appréciera. Quand je pense qu'il est venu ici pour me voir en tant qu'homme marié. Eh bien, je devrais presque m'attendre à ce qu'oncle Bobstay entre à ma porte.

(*Entre* C. BOBSTAY . *Il a une perruque noire et des moustaches noires.*)

Bobstay (*à la porte*). Avast là-bas ! Les ponts sont-ils clairs ? Chut —

Charles. Bonjour! Qui avons-nous ici ? Entrez.

Bobstay (*descend* R.). Très bien, mon cœur. Quand un camarade de classe sombre dans la saumure – pour la dernière fois, remarquez – que faisons-nous ? Eh bien, nous lui tendons la main et l'attrapons par les cheveux, n'est-ce pas ?

Charles. C'est la première impulsion, à moins qu'il ne soit chauve.

Bobstay (*tendant la main*). Met ça ici; donne-nous ton flipper (*ils se serrent la main*). D'accord. Voici ta main et voici ma tête ! Tenez-le bien, comme si j'étais à terre pour la dernière fois. Maintenant, stable. (CHARLES *prend sa perruque et* BOBSTAY *s'empare de sa barbe* .) Que tout tombe ! (*Il recule, arrachant ses moustaches.* CHARLES *enlève la perruque* .)

Charles. Oncle Bobstay !

Bobstay. Faire taire! Doucement, Charley, doucement. Bobstay de l'Indigo Blue, il montait, non, descendait, au moins il partait. Je suis un esprit , tu comprends ? Je suis l'Ancien Marin, le Capitaine Kyd, le Grand Inconnu, tout ce que vous voulez, sauf Bobstay. Il a mystérieusement disparu ; qu'il nous manque .

Charles. Mais qu'as-tu fait ? Quel est le problème?

Bobstay. Un monde profond, plus profond que la mer. Faire taire! Mettez-le là (*serre la main*). Il y a une femme en bas.

Charles. Au fond de la mer ? Bonne grace!

Bobstay. Non, j'aurais aimé qu'elle le soit , Charley. Mettez-le là (*serre la main*). Vous m'avez entendu parler de Spanker, skipper du Venetian Red ?

Charles. Plusieurs fois. C'était un de vos amis particuliers, je crois.

Bobstay. Charley, écoute une histoire qui ferait rougir les marines. Lorsque j'atteignis Valparaiso lors de ma dernière course, j'y trouvai le Rouge Vénitien devant moi ; mais j'ai découvert que Spanker avait « mystérieusement disparu ». [A] Son chapeau et son manteau ont été retrouvés sur la jetée, et il était censé se trouver sous les vagues.

[A] Un clin d'œil et un doigt sur le côté du nez lorsque ces mots sont utilisés tout au long de la pièce.

Charles. Quelle coïncidence!

Bobstay. Charley, il a laissé une veuve. Je l'ai trouvée en rouge vénitien à bord du Black Deuil, non, en rouge deuil à bord du Venetian.

Charles. Peu importe les couleurs ; continue.

Bobstay. Charley, elle était en détresse ; et avez-vous déjà entendu parler d'un goudron qui a trouvé une jeune fille en détresse et l'a abandonnée ? Jamais. En une semaine , je lui avais demandé de m'épouser. Dix jours plus tard , nous nous sommes mariés à l'église.

Charles. Marié! Alors vous êtes-

Bobstay. Mystérieusement disparu; c'est le point . Nous nous sommes mariés à l'église. Et maintenant une révélation étonnante. Quand nous sommes sortis de l'église, qui devrais-je voir sinon Spanker – le Spanker mort et disparu – jetant un coup d'œil dans un coin, avec un sourire sur le visage et un doigt sur le nez.

Charles. Quoi! Eh bien, c'est la bigamie !

Bobstay. Quoi, Amy ? « C'était une escroquerie !

Charles. Malheureux homme ! Comment as-tu agi ? Qu'est-ce que vous avez dit?

Bobstay. Je n'ai rien dit; a mis la dame , Mme Spanker Bobstay, dans la voiture, a fermé la porte et a mystérieusement disparu.

Charles. Et votre femme?

Bobstay. Avast là-bas ! C'est la femme de Spanker.

Charles. Mais il l'a lâchement abandonnée.

Bobstay. Moi aussi . Mystérieusement disparu.

Charles. Mais où étais-tu ? Qu'as-tu fait pendant tout ce temps ?

Bobstay. À la poursuite du vaisseau fantôme, Sylvester Spanker.

Charles. Avez-vous des traces de lui ?

Bobstay. Trace, mon cœur ? Il a fait un parcours sans faute, faites exploser ses projecteurs !

Charles. Alors elle est à toi maintenant.

Bobstay. Est-elle? C'est une question de débat entre les requins. Je n'ai pas épousé sa veuve ; Je ne pouvais pas épouser sa femme ; et pourtant je suis un homme marié.

Charles. Mais vous l'aimez, capitaine ?

Bobstay. Détendez-vous un peu. Si Spanker a mystérieusement disparu, il y a une raison à sa disparition. Et comme la veuve susmentionnée, lorsque je l'ai épousée, qui ne s'est pas révélée veuve après mon mariage, m'a frappé les oreilles deux fois avant la cérémonie, les points de ma boussole matrimoniale ne peignent pas beaucoup de cette façon.

.

Charles. Mais où est-elle ?

Bobstay. À la recherche d'un autre métier, mon garçon. Des ris serrés, pour remettre à plat une jeune étincelle, en vue de l'engager. Dois-je détruire son bonheur ? C'est une pinte . Dois-je apparaître comme un spectre et interdire les bans ? C'est une autre question . Non, mon garçon. Je vais m'asseoir... ici; restez sous l'eau jusqu'à ce qu'elle soit complètement accro.

Charles. Mais supposons que Spanker apparaisse ?

Bobstay. C'est un point sur lequel nous ne pouvons pas discuter . Maman c'est le mot. Je suis un esprit. Bobstay est monté. Restez dans l'obscurité. Pas un mot à votre femme maintenant.

Charles. Mais Jenny ne sait pas que tu es là !

Bobstay. Non? Je me cacherai dans la grange, dans la porcherie, n'importe où jusqu'à ce que la veuve devienne accro.

(*Entrer* CARLOS , C. *de* L.)

Carlos. Dites, M. Cleverly, voici une femme qui veut vous voir. [*Sortie* C. *vers* R.

Bobstay. Une femme? Ensuite je passe sous les écoutilles (*court jusqu'à la table* RC *et enfile perruque et moustaches*). C'était ma cabine . Je vais y jeter un œil. Attention, Charley, c'est maman qui dit. Je suis un esprit ; mystérieusement disparu. Vous comprenez? [*Sortir par la porte* R.

Charles. Mais je dis, capitaine ! — Il est jeté dans la chambre de Nelly. Peu importe. Je le ferai sortir dès que j'en aurai fini avec mon visiteur. Qui peut-elle être ?

(*Entre* C., MISS PERSIS GRIEVOUS , *tragiquement* .)

Persis , C. Vous êtes M. Charles Cleverly ?

Charles. A votre service, madame.

Persis. Monstre! Traître! Grand conspirateur !

Charles. Madame!

Persis. Vous êtes l'ami de Dixon Dolby. Mon Dixie. Vous l'avez attiré loin de ma présence aimante ; de moi, la femme qui l'adore ; pour quoi?

Charles. Une journée de sport, dit-il.

Persis. Sport! Tu es comme le méchant garçon, et moi comme la grenouille innocente. Ce qui est du sport pour toi, c'est la mort pour moi. Hier soir, il m'a fait part de son projet de visite. Ce matin, je l'ai trouvé dans sa chambre sous son oreiller, car nous logeons tous deux sous le même toit ; et moi, en son absence, j'entre dans son sanctuaire en tant qu'invité privilégié de cette chère et digne Mme Sprygs , qui loue des chambres à cinq dollars par semaine, lumières comprises...

Charles (*à part*). Pour plus de détails, voir les petites factures.

Persis. — Sous l'oreiller sur lequel ses mèches ambrosiales avaient pressé, j'ai trouvé ce billet et cette photo (*montre photographie*). Le reconnaissez-vous ?

Charles (*regarde la photo*). Bonté divine! Ma femme!

Persis. Votre femme? Alors vous, comme moi, êtes une victime. Je rougis de ma colère. Dans les bras l'un de l'autre, mêlons nos larmes (*en approchant* CHARLES *avec les bras tendus*).

Charles (*dos à* R.). Pas encore. Expliquez cela, et tout de suite.

Persis. Est-ce que cela nécessite une explication ? Voici la photo, et ici le billet signé Rosa Bean. Une correspondance clandestine. Je vois tout, d'un coup. Sous prétexte d'une journée de sport, il vient ici faire l'amour à votre femme.

Charles. Le maudit scélérat !

Persis. Parlez doucement de l'égaré. Je l'aime. Oui, malgré ses défauts , je l'aime toujours . Je suis ici pour le sauver, pour vous sauver. Je suis un ange secoureur.

Charles. Donnez-moi cette note (*prend note*). Pas l'écriture de ma femme ; évidemment déguisé. O, Jenny, Jenny, est-ce que je t'ai perdu ?

Persis. O, Dixie, Dixie, est-ce que je t'ai perdu ?

Dolby (*extérieur*). Bonjour! Charley, mon vieux, où es-tu ?

Persis. Sa voix. Comme ça me fait mal ! Mais il ne doit pas me voir ici. Où puis-je me cacher ? (*Il se dirige vers la porte* L.) Dans cette pièce ? Éloignez-le et je reviendrai. Nous pourrons alors élaborer des plans pour les contourner.

[*Sortez de la porte* L.

Charles. Mais madame, c'est la chambre de ma femme. Elle est partie. Puis-je être éveillé ? Ma Jenny correspondant avec mon amie ! Et il est amoureux ? Oh, c'est absurde !

(DOLBY *apparaît à la porte avec une canne à pêche dans son étui, un fusil et une épuisette à manche, maladroitement tenue dans ses bras ; un carnier balançait d'un côté, et un panier de pêche de l'autre .*)

Dolby. Ah, te voilà, Charley. Et me voici, armé et équipé comme la loi l'exige. (*Il tente d'entrer ; l'arme traverse la porte. Recule et essaie à nouveau ; le filet traverse la porte. L'affaire se répète.*) Eh bien, ça devient intéressant (*entre*). Ah ! nous y voilà (*laisse tout tomber par terre et court vers* CHARLES , *les mains tendues*). Comment vas-tu, mon vieux ? En vie et en pleine forme? Bonheur domestique et félicité rurale ? Joyeux gars !

Charles (*serre la main*). Content de te voir, Dixie. Accueillir.

Dolby. C'est copieux. Où est ta femme? Je dois la voir, tu sais. Je suis venu profiter des beautés du pays, et vous êtes les plus brillants et les plus beaux. Je sais que tu le sais, bien sûr que tu le sais.

Charles (*à part*). Il le sait , confondez-le ! (*À voix haute*) Elle vient de sortir. Vous la verrez.

Dolby. Voyons maintenant : que devons-nous faire en premier ? Il y a la pêche, la chasse et faire l'amour avec une jolie fille. Je n'ai qu'une journée et nous devons rassembler beaucoup de plaisir en dix heures.

Charles. Eh bien, que dirais-tu de déjeuner d'abord ?

Dolby. Rien pour moi, à part un verre de lait chaud des mains d'une laitière. Je suis venu ici pour respirer l'air de la campagne. Arrêtez-vous un instant. J'ai oublié ça (*il court jusqu'à la porte* C. *et reste debout, respirant fort, et se frappe la poitrine*). Ah, c'est le genre ; l'air vivifiant du pays. Ah ! (*avec une longue respiration*) voilà la première dose.

(*Entrer* NELLY , R. DOLBY *descend* L.)

Charles. Et voici la laitière. Ma sœur, Dixie. M. Dixon Dolby, Nelly.

Dolby. Ah, délicieux (*s'incline*). Quelle jolie fille! Quelles joues ! Quelle forme !

Nelly. Votre première visite dans le pays, M. Dolby ?

Dolby. J'ai honte de le dire, Miss Nelly. Mais c'est délicieux ; une telle quantité d'arbres et d'herbe ; les maisons ne sont pas si nombreuses.

Charles. M. Dolby voudrait un verre de lait.

Dolby. Oui merci ; du lait de vache, si les vaches sont libres.

Nelly. Oh, tout à fait. Je vais l'apporter immédiatement. [*Sortie* R.

Dolby. Charley, mon garçon, ta sœur est d'une beauté parfaite.

Charles. Asseyez-vous, Dolby (DOLBY *amène la chaise à la table* L. CHARLES *en fait descendre un par derrière ; ils sont assis* R. *et* L.) J'avais espéré que vous viendriez ici de tout votre cœur ; mais j'apprends que vous êtes déjà engagé dans une histoire d'amour.

Dolby. N'en parle pas (PERSIS *ouvre la porte, sort et écoute*). La chose la plus absurde ; un petit flirt à la campagne avec une dame assez âgée pour être ma mère.

Persis. Le misérable !

Dolby. Malheureusement, un soir, j'étais allongé sur mon lit, fumant et lisant, avec ma porte ouverte sur le couloir, de l'autre côté duquel se trouve la chambre de Miss Persis Grievous. Eh bien, je me suis endormi, la pipe est tombée de ma bouche et j'ai été réveillé par le cri de « feu » et les secousses brusques de mon amie de l'autre côté du passage . J'avais mis le feu au lit, qui s'éteignait facilement ; il n'en était pas de même pour la flamme qui s'était allumée dans la poitrine de ma belle mais vieille libératrice.

Persis. Le scélérat sans cœur !

Dolby. Depuis lors, elle m'a poursuivi d'un amour implacable. Je ne peux pas lui échapper.

Charles. Et tu es fiancé ?

Dolby. Pas exactement. Pegoty est d'accord, mais Barkis ne l'est pas ; car, Charley, je suis amoureux d'un fantôme.

Charles. Alors tu ferais mieux de rendre l'âme et de rendre Persis heureuse.

Dolby. Non; Je ne pourrai jamais en aimer qu'un seul, « Rosa Bean ». N'est -ce pas un joli nom ? Je vais te montrer son visage (*chasse les poches*). Bon sang, j'ai laissé sa photo sous mon oreiller !

Persis. Ô le misérable ! Je ne lui pardonnerai jamais, jamais (*disparaît dans la chambre* L.).

(*Entrer* NELLY , R. *avec un pichet en verre de lait et un gobelet .*)

Nelly. Voici le lait, M. Dolby.

Dolby. O , merci (*elle remplit le gobelet, debout derrière la table.* DOLBY *boissons*). Voici votre meilleure santé. Ah, quel lait ! Je n'ai rien goûté de pareil depuis que je suis un tout petit enfant.

Nelly. Je peux vous apporter quelque chose d'autre?

Dolby. Non, je vous suis obligé. Au fait, y a-t-il une jeune femme dans le quartier qui s'appelle « Rosa Bean » ?

Nelly. « Haricot » – « Haricot » – Non. Il n'y a pas de haricots ici ; il y a une Rosa Higgins à environ 800 mètres d'ici.

Dolby. Oh, elle ne le fera pas .

Charles. Il y a des rangées de haricots dans le jardin ; comment ça conviendra , Dixie ? Hahaha!

Nelly. Ce que je vous présenterai au dîner. Au revoir d'ici là . [*Sortie* R.

Dolby. Au revoir (*se lève et remet la chaise à* L. CHARLES *monte*). Maintenant, Charley, essayons le poisson (*il prend sa canne et son filet*).

Charles. Vraiment, Dixie, je ne peux pas quitter la maison pour le moment. Je vais vous dire ce que je vais faire. J'enverrai mon homme avec vous, et je vous rejoindrai bientôt (*va à la porte* C.). Ici, insouciant ! Imprudent!

Carlos (*entre* C.). Oui Monsieur. Me voici!

Charles. Insouciant, montrez à ce monsieur l'étang de pêche. (*Dolby à l'arrière, s'occupe du tacle.*)

Carlos. Étang de pêche ! Où est ce?

Charles (*à part*). Tais-toi, imbécile ! Derrière la grange.

Carlos. Ho ho ho! c'est un joli étang de pêche ! Pourquoi, il y a rien là-bas sauf des skeeters !

Charles. Eh bien, ils mordent, n'est-ce pas ? Tu ferais mieux d'emmener Towzer avec toi, il veut faire de l'exercice.

Carlos. Towzer ? Eh bien, il n'est pas sociable avec les étrangers.

Charles. Faites ce que je vous dis.

Carlos. Très bien, Monsieur. Venez, monsieur, je vais vous montrer du sport !

Dolby. C'est le genre.

Carlos. Quel type de pêche préférez-vous ? Cela ne fait aucune différence ici. (*À part*) Il faut pêcher très longtemps avant d'en obtenir.

Dolby. Eh bien, supposons que nous essayions de pêcher la morue –
non, je veux dire le maquereau. Y a -t -il du poisson bleu par ici ?

Carlos. Ho ho ho!

Charles. Imprudent!

Carlos. Poisson bleu ? Wal , non ; nous n'avons plus de poisson bleu
aujourd'hui. (*À part*) Seigneur, il *est* vert !

Dolby. Peu importe ; conduis-moi au lac où évolue la tribu Finny.

Carlos. C'est drôle quoi ? Mon Dieu, toute la pruche ! je pensais que tu
allais à la pêche !

Dolby. Oh, viens, il se fait tard. Au revoir, Charley. N'oubliez pas que
je dois voir votre femme.

[*Sortie* C.

Carlos. Dites, Monsieur, qui est Tu es prêt à creuser l'appât, disons ? [
Sortie C.

Charles. Je continue à harceler ma femme. Je connaîtrai la signification
de ceci avant d'avoir une heure de plus.

(*Entrer* PERSE *de la porte* L.)

Persis. Enfin il est parti, et nous pouvons arranger nos plans.

Bobstay (*ouvre la porte* R.). Ohé, Charley ! (PERSE *crie et court dans la salle
L. Entrez* BOBSTAY .) Aha! une femme! Qui est-ce? (*Traverse la scène sur
la pointe des pieds et regarde par le trou de la serrure de la porte* L.)

Charles (*le saisit par le bras et le fait tourner vers* R.). De quoi parlez-vous,
capitaine ? Il y a une dame dans cette pièce.

Bobstay. Je dois la jeter un coup d'œil (*il accourt et regarde dans le trou de la
serrure*). Ah, ah ! c'est elle ! (*retombe dans* CELUI DE CHARLES *bras*).

Charles. Elle! OMS?

Bobstay (*se remettant*). Faire taire! La femme du fesseur ! Ma veuve, tu
sais ! Notre génie maléfique ! C'est un jugement contre moi pour avoir
abandonné la recherche du Spanker perdu. Je dois partir. Au revoir;
mettez-le là (*ils se serrent la main*). Si on me demande, vous savez –
mystérieusement disparu – (*s'approche de la porte* C.).

Mme C. (*à l'extérieur* de C.) Charley ! Charley !

Bobstay (*descend* R.). Il y a un engin qui arrive par ici ; C'est maman, Charley.

[*Sortir par la porte* R.

(*Entrer* PERSE *de la salle* L.)

Persis. Ne serons-nous jamais seuls ?

Charles. Faire taire! retourner ; ma femme est là !

Persis. Votre femme? Haricot Rose ? Je vais lui arracher les yeux !

Charles (*la poussant dans la chambre*). Non non; tu vas tout gâcher. Ils se rencontrent ! — Cela ne se ferait jamais (*ferme la porte et sort la clé.* MME C. *apparaît à la porte* C.)

Mme C. Pourquoi, Charles, que faites-vous ? Verrouiller ma porte ?

Charles (*perplexe*). Oui, non, c'est-à-dire que j'avais peur que le chat n'y entre, alors je l'ai verrouillé.

Mme C. Je veux ranger mes affaires.

Charles. Je ne les enlèverais pas maintenant, il fait un peu frais ici.

Mme C. Chilly ! Pourquoi, Charles, es-tu malade ? Comme tu es pâle ! Si c'était quelqu'un d'autre, je dirais que vous aviez un air coupable.

Charles (*à part*). Un regard coupable ! et elle en correspondance clandestine avec Dolby ! (*À voix haute*) Coupable ? absurde ! (*À part*) Qu'ai-je fait ? Enfermé une femme dans sa chambre, et je la soupçonne ? Oh, voici une confusion !

Mme C. Eh bien, comme vous ne semblez pas vouloir me laisser entrer dans ma chambre, je vais déposer mes affaires chez Nelly (*se dirige vers la porte* R.). Eh bien, c'est verrouillé aussi !

Charles. O, oui, oui ; J'ai oublié de te dire. Je—j'ai enfermé le chien là-dedans.

Mme C. Le chien Towzer ! Pourquoi?

Charles. Eh bien, j'allais juste m'asseoir pour lire et je ne voulais pas être dérangé.

Chien dehors. "Inclinez, wow, wow!"

Mme C. Ah, Towzer semble avoir trouvé la sortie .

Charles. J'aimerais pouvoir. (*Le chien aboie.*)

Dolby (*extérieur*). Aide! meurtre ! aide ! (*Il entre par la fenêtre et se dirige vers le salon ; roule sur le sol.*) Confondre ce chien ! (*se lève en se frottant les genoux.*)

Charles. Quelle chance, Dolby. As-tu eu une bouchée ?

Dolby. Oui; deux d'entre eux; et si mes jambes n'avaient pas rendu de bons services, ce foutu chien m'aurait mangé (*en se frottant toujours les genoux, sans lever les yeux*). MME CLEVERLY , *en bas à* droite.).

Charles. Désolé, Dolby, tu n'as pas eu plus de chance. (*À part*) Maintenant, testons ma femme (*étapes* C.). Permettez-moi de vous présenter à ma femme. Mme Cleverly, mon ami Dixon Dolby. Dixie, c'est la femme que tu as désiré rencontrer.

Dolby (*descend L.* ; *regarde à travers*). Haricot Rose ! Bonne grace!

Charles. Non non. Mon pauvre ami, tu deviens fou de ton fantôme absurde, Rosa Bean.

Dolby. Bon Dieu, c'est elle ! Et moi… je… malheureux !… je suis amoureux de la femme de Charley ! Que vais-je devenir ? Je serai découvert (*essuie le visage avec un mouchoir*).

Mme C. J'espère que vous appréciez votre journée de sport, M. Dolby.

Dolby. Ô immensément ! Vous voyez, nous avons emmené le chien pour une photo, non, pour lui tenir compagnie. Don Carlos a dit que nous ferions mieux ; et il s'est intéressé à mes arrangements ; et juste au moment où je me penchais pour mettre un appât, quelqu'un a dit : « St'boy ! et je suppose qu'il m'a pris pour le garçon, – en tout cas, il en a pris une bouchée. Puis il m'est soudain venu à l'esprit qu'il n'y avait « aucun endroit comme chez soi ».

(*Entrer* CARLOS , C.)

Carlos. Dites, Monsieur, qu'est-ce que vous vouliez faire comme ça, car ça devenait intéressant ?

Dolby. Intéressant, Don Carlos ? Cela devenait excitant ! (*À part*) Ciel ! comment puis-je me sortir de cette situation ?… La femme de Charley !… Il va me tuer ! (*À voix haute*) Charley, je crois vraiment que je vais prendre le prochain train.

Charles. Absurdité. Vous n'avez pas encore essayé le tir. Terminez votre journée de sport.

Dolby (*à part*). J'aimerais pouvoir le faire, tout de suite.

Charles. Careless vous amènera au jeu !

Dolby (*prend une arme*). D'accord. Don Carlos, nous allons essayer le jeu ; (*à part*) et je pars vers le train. Fini ce sport pour moi, merci.

Carlos. Dis, que veux-tu filmer ?

Dolby. Comment va le cerf ?

Carlos. Cerf? Ho ho ho! Ils sont bien purifié ; mais on s'en prend à eux merde maintenant.

Dolby. Eh bien, un buffle ou deux.

Carlos. Ho ho ho!

Dolby. L'accrocher! ne reste pas là à sourire ; tournons quelque chose rapidement. [*Sortie* C. *et sortie* L.

Carlos (*à part*). Merde si je ne l'emmène pas dans le paster de Buffalo Bill . Il tirera sur la clôture plus vite que sur les excréments. [*Sortie* C.

Mme C. Maintenant que le chien est éloigné, je suppose que vous ne pouvez avoir aucune objection à...

Charles. Au fait, Jenny, je l'avais presque oublié ; mais Mme Jenks, notre voisine, était ici tout à l'heure, et son bébé est tombé malade – c'est affreux ; te veut. Il y a une attaque soudaine de scilles , je pense qu'elle a dit.

Mme C. En effet ! Je vais courir tout de suite ; enfin, si vous pouvez m'épargner.

Charles. Oh, certainement, c'est-à-dire non, oui. Ils ne captent pas, n'est-ce pas ?

Mme C. Je ne pense pas. Au revoir (*monte* C.). (*À part*) Il y a quelque chose qui ne va pas avec Charley. Je n'irai pas loin. [*Sortie* C.

Charles. Maintenant, écartons ce foutu Bobstay (*se dirige vers la porte* R.).

(*Entrer* NELLY , R. 1 E.)

Nelly. Charley, que veux-tu dans ma chambre ?

Charles. Oh, rien, c'est-à-dire que je te cherchais.

Nelly. Et après m'avoir trouvé...

Charles. Je veux que tu me conseilles. Lisez ça. (*Donne une note.*)

Nelly (*à part*). Personne ne peut le faire mieux que moi (*lit*) . Eh bien, Charley ?

Charles. Eh bien, Charley. Non, malade Charley ; un Charley décidément mal utilisé . Connaissez-vous cette photo ?

Nelly. C'est notre Jenny.

Charles. Notre Jenny! Et il est envoyé à mon ami Dolby. Je vais le tuer !

Nelly. Maintenant, Charley, ne sois pas jaloux. Je suis convaincu que Jenny vous expliquera les choses à votre entière satisfaction. (PERSE *on frappe à la porte* L.) Ah, qui est -ce ?

Charles (*se déplaçant vers la porte* L.). C'est le chat. Scat, chatte, chatte, chatte !

Nelly , R. (*change la photographie en note pour une autre*). Je vais voir si nous ne pouvons pas donner un nouveau visage à la question. (*À voix haute*) Voici votre note, Charley. Ne soyez pas jaloux ; ça n'a pas l'air bien du tout chez un homme. [*Sortie* R.

Charles. Maintenant, laissez sortir le capitaine . (*Va à la porte* R.; *frappe*). Je dis, capitaine : la voie libre !

(*Entrer* BOBSTAY , *avec une jupe en calicot épinglée autour de la taille, un châle rouge sur les épaules et un bonnet de paille sur la tête .*)

Gracieux! quelle est la signification de cette plate-forme ?

Bobstay. Déguisement; courir le gantelet; glisse mon câble. Vous voyez, je suis là, je suis parti. Si quelqu'un demande Bobstay, vous savez, mystérieusement disparu. [*Va à la porte* C.

(*Entrer* MME ASTUCIEUSEMENT , C.)

MME C. Un instant, s'il vous plaît.

Bobstay (*à part*). Frissonnez mes bois , c'est Jenny !

Charles. Elle l'a découvert !

Mme C. (menant BOBSTAY *vers le bas* R. *par le bras*). Je n'ai aucune objection à ce que mon mari reçoive les dames en mon absence ; mais j'ai résolu des objections à ce qu'ils laissent ma maison avec des biens qui ne leur appartiennent pas. Je te remercierai pour ce châle.

Bobstay. Aïe aïe. (*Enlève le châle.*)

Mme C. Et ce bonnet.

Bobstay (enlève le capot). Aïe aïe.

Mme C. Capitaine Bobstay ! Oncle Boliver !

(*Entrer* MISS PERSIS *, porte* L.)

Persis. Capitaine Bobstay ! Mon mari! (*Crie et tombe dans* CELUI DE CHARLES *bras* .)

Bobstay. C'est elle ; soutiens -moi, Jenny (*tombe dans* CHEZ MME C. *bras*).

(*Rapport d'arme à feu à l'extérieur* de C.)

Dolby. Aide! meurtre ! aide ! (*Il entre par la porte* C., *se retourne et ferme la porte ; s'y adosse* .) Bonjour ! qu'est-ce qu'il y a ici ?

Mme C. Alors , monsieur, vous m'avez trompé. Et cette dame est...

Charles. Votre tante, Mme Capitaine Bobstay.

Bobstay. C'est faux !

Persis. Boliver ! le mien— (*s'approchant de lui.*)

Bobstay. Non, rien de tel, madame. Tu m'as épousé et je t'ai épousé par erreur. Quand vous pourrez m'apporter une preuve convaincante de la mort de votre mari Spanker, — une jambe ou un bras du susdit sera une preuve suffisante —, je serai prêt à parler affaires. En attendant, madame, je suis libre.

Persis. Boliver —

Bobstay. Oh, je vais déborder si vous ne vous taisez pas (*s'assoit à la table* R., *prend du papier et lit* . MISS PERSIS *se déplace autour de lui, essayant de voir son visage ; il garde le papier devant lui*).

Charles. Maintenant, Mme Cleverly, après m'être acquitté à votre satisfaction, j'espère... (*voit* DOLBY) Bonjour ! Dolby, qu'est-ce que tu fais là ?

Dolby. Le fait est, Charley, j'ai tiré sur quelque chose !

(CARLOS *passe la tête par la fenêtre* .)

Carlos. Oui, bon sang, tu as tiré sur un veau ! Mais Buffalo Bill, notre taureau noir, vous a jeté par-dessus la clôture en un rien de temps. Ho ho ho! Vous êtes un sportif, vous l'êtes !

[*Sortie* C.

Dolby. Charley, je suppose que je vais rentrer à la maison. J'ai perdu mon filet, ma canne et mon fusil ; et si votre gibier est aussi actif que votre ami Buffalo William, je préfère ne pas chasser, merci.

Charles. Reconnaissez-vous cette note, Dolby ? (*Donne une note.*)

Dolby. Oh, Seigneur, c'est vrai ! à venir ! Voilà une jolie journée de sport ! Cette note ? O Oui. Cette note est...

Charles. De ma femme, je crois.

Dolby. Ô mon Dieu, tout est fini ! Charley, sur ma parole, je n'avais pas la moindre idée que Rosa Bean était ta femme. Si j'avais-

Charles. Silence! (*Extrait une note de* DOLBY , *et court vers* C.) Et vous, madame, qu'avez-vous à lui dire ? (*Donne note à* MME C.)

(*Entrer* NELLY , C.)

Mme C. (*le regardant.*) Dites ! Que puis-je dire ? Cela ne me concerne en aucun cas.

Charles. En effet! Et la photo ?

Mme C. O, la photo. (*Il le regarde.*) Eh bien, c'est notre Nelly.

Charles et Dolby. Notre Nelly !

Nelly. Oui, notre Nelly, qui est responsable de tous ces méfaits. C'est elle qui a rédigé la note, la correspondante inconnue de notre ami M. Dixon Dolby, Rosa Bean.

Dolby. Eh bien, c'est malin (*court vers elle* , C.). Comment allez-vous (*serre la main*). (*Ils vont au salon et s'assoient pour discuter.*)

Mme C. Et tu me soupçonnais, Charley !

Charles. "Que pouvais-je faire?" Votre tante Bobstay m'a apporté votre photo, qui a mystérieusement disparu.

Bobstay (*sauter*). "Mystérieusement disparu." Écoutez ! écouter ! (*lit* .) « Tous les amis de Sylvester Spanker, censé s'être noyé, en particulier sa veuve, sont informés par la présente qu'il est de retour à son navire, le Venetian Red, et qu'il appareillera aujourd'hui pour Valparaiso. » Ha, ah ! ho , ho! Il est retrouvé et je suis libre ! Veuve, je vous félicite.

Persis. Fesseur vivant ! Heureusement , je ne dépends plus des froides œuvres caritatives du monde !

Bobstay. Madame, mettez-le là (*ils se serrent la main*). Nous monterons à bord du Venetian Red aujourd'hui même. Je vais rendre la propriété, prendre mon reçu, déchirer notre certificat, vous donner ma bénédiction et disparaître mystérieusement.

Dolby (*descend avec* NELLY). Mais que vais-je devenir ? Allez-vous abandonner la vie que vous avez sauvée ? Persis—

Persis. Déranger! Tu ferais mieux de te taire. J'étais dans cette pièce lorsque vous avez raconté cette histoire avec des allusions si élogieuses à mon égard.

Dolby. Hum ! Maman c'est le mot.

Charles. Viens, Nelly, dînons . (*Sortie* NELLY L.) Cette petite pagaille est heureusement terminée .

Dolby. J'ai fait ma journée de sport ; pas seulement ce à quoi je m'attendais, mais ça se termine bien.

Charles. La veuve a retrouvé son mari.

Bobstay. Pour lequel nous revenons merci.

(CARLOS *passe la tête par la fenêtre* .)

Carlos. Dis, tu ne reverras plus jamais ce veau ; elle fait son dernier bavardage.

(*Entrer* NELLY , R.)

Nelly. A table .

Charles (*donne le bras à sa femme* , C.). Viens, allons dîner. (DOLBY *et* NELLY *bras dessus bras dessous* , R.; CAPITAINE *et* MLLE PERSIS *bras dessus bras dessous* , L.) Êtes-vous prêt, capitaine ?

Bobstay. Oui, oui, Charley, avec un grand appétit. Alors allez-y; nous suivrons votre sillage. Je suis heureux. Tu es heureuse, veuve. Oui, nous sommes tous heureux, car nous avons fait une journée de sport et tous nos ennuis ont mystérieusement disparu.

[*Rideau.*]

www.ingramcontent.com/pod-product-compliance
Lightning Source LLC
Chambersburg PA
CBHW051411130726
47987CB00007B/2950